THE WEAPONS ENCYCLOPÆDIA
TANK AIRCRAFT AFV SHIP ARTILLERY VEHICLES SECRET WEAPON

TWE-019 ITA

🇺🇸 CARRO USA M3 LEE/GRANT

THE WEAPONS ENCYCLOPAEDIA

EDITORIAL STAFF
Luca Stefano Cristini, Paolo Crippa.

REDAZIONE ACCADEMICA
Enrico Acerbi, Massimiliano Afiero, Aldo Antonicelli, Ruggero Calò, Luigi Carretta, Flavio Chistè, Anna Cristini, Carlo Cucut, Salvo Fagone, Enrico Finazzer, Arturo Giusti, Björn Huber, Andrea Lombardi, Aymeric Lopez, Marco Lucchetti, Gabriele Malavoglia, Luigi Manes, Giovanni Maressi, Francesco Mattesini, Péter Mujzer, Federico Peirani, Alberto Peruffo, Maurizio Raggi, Andrea Alberto Tallillo, Antonio Tallillo, Massimo Zorza.

PUBLISHED BY
Luca Cristini Editore (Soldiershop), via Orio, 33/D - 24050 Zanica (BG) ITALY.

DISTRIBUTION BY
Soldiershop - www.soldiershop.com, Amazon, Ingram Spark, Berliner Zinnfigurem (D), LaFeltrinelli, Mondadori, Libera Editorial (Spain), Google book (eBook), Kobo, (eBoook), Apple Book (eBook).

PUBLISHING'S NOTES
None of unpublished images or text of our book may be reproduced in any format without the expressed written permission of Luca Cristini Editore (already Soldiershop.com) when not indicate as marked with license creative commons 3.0 or 4.0. Luca Cristini Editore has made every reasonable effort to locate, contact and acknowledge rights holders and to correctly apply terms and conditions to Content. Every effort has been made to trace the copyright of all the photographs. If there are unintentional omissions, please contact the publisher in writing at: info@soldiershop.com, who will correct all subsequent editions.

LICENSES COMMONS
This book may utilize part of material marked with license creative commons 3.0 or 4.0 (CC BY 4.0), (CC BY-ND 4.0), (CC BY-SA 4.0) or (CC0 1.0). We give appropriate attribution credit and indicate if change were made in the acknowledgments field. Our WTW books series utilize only fonts licensed under the SIL Open Font License or other free use license.

CONTRIBUTORS OF THIS VOLUME & ACKNOWLEDGEMENTS
Ringraziamo i principali collaboratori di questo numero: I profili dei carri sono tutti dell'autore. Le colorazioni delle foto sono di Anna Cristini. Ringraziamenti particolari a istituzioni nazionali e/o private quali: Stato Maggiore dell'esercito, Archivio di Stato, Bundesarchiv, Nara, Library of Congress ecc. A P.Crippa, A.Lopez, L.Manes, C.Cucut, archivi Tallillo. Model Victoria (www.modelvictoria.it), per avere messo a disposizione immagini o altro dei loro archivi. Wikipedia CC1 by Bukoved.

For a complete list of Soldiershop titles, or for every information please contact us on our website: www.soldiershop.com or www.cristinieditore.com. E-mail: info@soldiershop.com. Keep up to date on Facebook & Twitter: https://www.facebook.com/soldiershop.publishing

Titolo: **CARRO MEDIO US M3 LEE/GRANT** Code.: **TWE-019 IT**
Collana curata da: Luca Stefano Cristini
ISBN code: 9791255890706. Prima edizione Gennaio 2024
THE WEAPONS ENCYCLOPAEDIA (SOLDIERSHOP) is a trademark of Luca Cristini Editore

THE WEAPONS ENCYCLOPÆDIA
TANK AIRCRAFT AFV SHIP ARTILLERY VEHICLES SECRET WEAPON

CARRO MEDIO US M3 LEE/GRANT

LUCA STEFANO CRISTINI

BOOK SERIES FOR MODELERS & COLLECTORS

INDICE

Introduzione 5
  - Lo sviluppo e il progetto 6
  - Caratteristiche tecniche 9

Impiego operativo 23
  - Fronte Nord Africano 23
  - Fronte Russo 32
  - La Guerra nel Pacifico 33
  - Campagna di Burma 37
  - Campagna Australiana 38

Mimetica e segni distintivi 41
  - Ultimo periodo 42

Versioni del veicolo 47

Conclusione 52

Schede tecniche 52

Bibliografia 58

▼ La caratteristica sagoma del M3 Lee, privo peraltro della cupola con mitragliatrice.

INTRODUZIONE

Ufficialmente designato come Medium Tank, M3, fu un carro armato medio statunitense impiegato attivamente durante la Seconda Guerra Mondiale. La sua torretta venne realizzata in due varianti, una conformemente alle specifiche degli Stati Uniti e l'altra modificata per soddisfare i requisiti britannici, includendo in questo caso la collocazione della radio accanto al comandante. Nel contesto del Commonwealth britannico, il carro armato acquisì due denominazioni distinte: quelli con torrette di modello statunitense furono chiamati "Lee", in omaggio al generale confederato Robert E. Lee, mentre quelli con torrette di modello britannico furono identificati come "Grant", in onore del generale dell'Unione Ulysses S. Grant, i due maggiori e famosi generali americani della guerra civile.

Ampiamente usato nel corso del conflitto, inizialmente diede buona prova sul fronte del Nordafrica dove risultò superiore ai Panzer III e ai carri M14/41 italiani, mentre poteva battersi alla pari con le prime versioni dei Panzer IV. Ma dal 1943 i suoi limiti furono sempre più palesi e fu presto sostituito dall'M4 Sherman. Nonostante le sue prestazioni notevoli nella prima parte della guerra, l'M3 Lee/Grant non raggiunse mai la stessa fama dello Sherman. Questo dato di fatto può essere attribuito alle sue origini e al ruolo che svolse durante il conflitto; nato come un surrogato del fallimentare carro M2 Medium Tank (1938), che non varcò mai i confini americani, l'M3 fu concepito, pensato e prodotto con una certa urgenza. Nel 1939, all'inizio del conflitto in Europa, gli Stati Uniti non erano ancora pronti a entrare in azione. Il design del carro armato stava ancora evolvendo in un periodo di pace e contesto post-crisi, mantenendo in questo modo un pensiero tattico ereditato dalla Prima Guerra Mondiale che verrà presto superato.

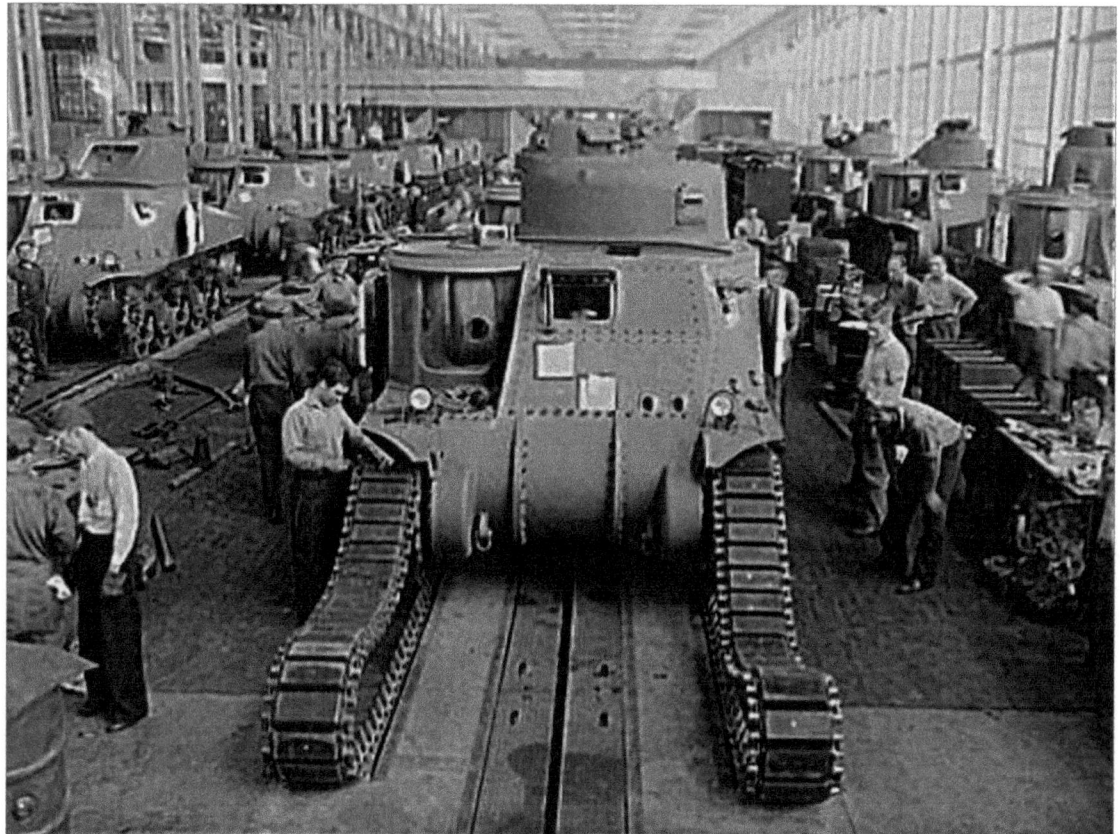

▲ Catena di montaggio del carro M3 presso il Detroit Tank Arsenal nel 1942.

LO SVILUPPO E IL PROGETTO

L'inaspettata blitzkrieg scattata in Francia durante la Seconda Guerra Mondiale fu una sorpresa che, a reazione, innescò una completa revisione della progettazione dei carri armati statunitensi, e alleati in generale. Subito dopo la conclusione della battaglia aerea d'Inghilterra, il teatro bellico si estese al Nord Africa. L'industria britannica, con una nazione ampiamente provata dal quasi isolamento internazionale, non riusciva a produrre abbastanza carri armati per difendere sia la madrepatria che i territori sparsi dell'impero, soprattutto i punti cruciali come il Mediterraneo e il Canale di Suez. Con l'approvazione della legge Affitti e prestiti, l'11 marzo 1941, il presidente Roosevelt proclamò gli Stati Uniti come "l'arsenale della democrazia". In questo contesto, l'M3 Lee divenne rapidamente l'emblema di questa strana alleanza de facto, il suo simbolo più tangibile.

Il processo di progettazione dell'M3 ebbe inizio nel luglio 1940, e i primi esemplari divennero operativi alla fine del 1941. L'Esercito degli Stati Uniti necessitava di un carro medio robusto e armato con un cannone da 75 mm e, considerando anche la richiesta immediata e vitale del Regno Unito quasi 4.000 carri medi, la produzione del Lee iniziò già alla fine del 1940. Il design risultante del mezzo corazzato fu un compromesso volto a produrre un carro il prima possibile, destinato a servire solo fino alla sostituzione con il successivo carro M4 Sherman, che era già in produzione.

Come detto in introduzione, si trattava fondamentalmente di un M2 ingrandito, ma dotato di una migliore armatura, uno scafo molto più alto e più largo, il tutto per consentire al carro di venire armato di un cannone da 75 mm (2,95 pollici) posto in una casamatta situata sul lato destro. Il 75 mm doveva affrontare sia bersagli terrestri statici che agire in funzione di controcarro, grazie ai suoi proiettili perforanti e una buona velocità. Furono testati e poi utilizzati anche proiettili ad alto potenziale esplosivo. Tuttavia,

▲ La piastra dell'armatura sull'M3 era troppo pesante per la saldatura e doveva essere rivettata in posizione. Wikipedia CC1

Carro armato medio M3 Mk.1 Lee prima produzione, USA 1941

▲ Inserimento del motore R-975 nel suo scomparto sulla catena di montaggio. Colorazione dell'autore.

il cannone standard da 37 mm (1,46 pollici) era ancora preferito nel ruolo anti carro e quindi si trovò la soluzione di aggiungere questa seconda arma in una piccola torretta in cima alla sovrastruttura.
Il primo prototipo M3 fu completato nel marzo 1941. La costruzione iniziò subito presso l'Arsenale di Detroit della Chrysler, della American Locomotive e della Baldwin Locomotive, già un mese dopo, nell'aprile del 1941. Nell'estate dello stesso anno il carro armato era in piena produzione, portando il carro a venire costruito in oltre 6.000 unità da aprile 1941 al dicembre del 1942. Gli M3 che uscirono dalle linee di produzione, pur ricordando il "genitore" M2, avevano sagome più squadrate e alte, ed erano dotate di tre coppie di sospensioni su ogni lato del carro.
Sia i carri statunitensi che quelli prodotti per i britannici presentavano una corazza più spessa rispetto ai piani iniziali. La progettazione britannica richiedeva un membro dell'equipaggio in meno rispetto alla versione statunitense a causa, come già ricordato, della presenza della radio nella torretta. Gli Stati

Uniti, infatti, optarono per eliminare la figura dell'operatore radio, assegnando il compito direttamente al comandante. Dopo i primi scontri sul campo, che provocarono consistenti perdite in Africa e Grecia, i britannici compresero che, per soddisfare le loro esigenze corazzate, avrebbero dovuto adottare sia il tipo Lee americano che il loro tipo Grant.

L'M3 era un carro armato affidabile, dotato di notevole potenza di fuoco, ottima corazza e elevata mobilità, ma presentava gravi svantaggi nella sua progettazione generale e forma, tra cui l'eccessiva sagoma, una disposizione scomoda e poco pratica del cannone principale che impediva al carro di assumere una posizione di difesa in molte situazioni ed infine l'arcaica costruzione con rivetti.

Secondo Hans von Luck, un ufficiale dell'esercito tedesco autore delle memorie postbelliche riportate nel suo famoso libro-diario "Comandante di Panzer" (pubblicato da Soldiershop Publishing, ndr), l'M3 era considerato dallo Stato maggiore tedesco superiore anche al Panzer IV nel maggio 1942, oltre che essere in grado di operare al di fuori della gittata dei cannoni anticarro tedeschi da 5 cm. Tuttavia, verso la metà del 1943, con l'introduzione dei nuovi e aggiornati Panzer III e IV, il carro fu presto ritirato dal combattimento nella maggior parte dei teatri operativi e sostituito dal più capace carro M4 Sherman non appena esso si rese disponibile in quantità maggiori.

Nonostante il suo rimpiazzo avvenuto quasi ovunque, i britannici continuarono a impiegare gli M3 in combattimento contro i giapponesi nel sud-est asiatico fino al 1945. Quasi mille M3 furono inoltre forniti all'esercito sovietico nell'ambito del programma Affitti e prestiti tra il 1941 e il 1943.

CARATTERISTICHE TECNICHE

Nelle idee iniziali degli ingegneri la progettazione prevedeva una cupola superiore per ospitare una mitragliatrice calibro 7,62 mm, conferendo a questo ibrido di carro armato un aspetto quasi fantascientifico e caricaturale, e simile ad un personaggio dei fumetti, con cannoni sporgenti da torrette, dai fianchi un po' dovunque, più simile a una corazzata della marina. Questa concezione, del resto, era in linea con la

▲ Struttura del cannone da 75 mm come era montato sul carro M3 Lee/Grant nel Royal Australian Corps Tank Museum, Puckapunyal, Victoria, Australia. Wikipedia CC1 courtesy by Bukoved.

Carro armato medio M3 Grant Mk.I 1st British Armoured Division, Nord Africa, 1942

prassi dei carri armati statunitensi dell'epoca, l'armamento secondario comprendeva da tre a otto mitragliatrici modello 1919 calibro 7,62 mm. Per agevolare e velocizzare la produzione, vitale per la sussistenza della Gran Bretagna, i cingoli, la maggior parte del sistema di sospensione, le ruote e i rulli di ritorno erano stati presi in prestito tutti dal modello precedente già definito, anche per questo il suo genitore, vale a dire il carro M2. La differenza principale risiedeva principalmente nel nuovo treno a tre carrelli e sospensioni ridisegnate.

L'M3 nasce assai ampio e spazioso, potendo ospitare un'unità di trasmissione che attraversava l'abitacolo. La componentistica della trasmissione era mastodontica. Il cambio sincronizzato offriva 5 marce avanti, una retromarcia, mentre lo sterzo tipicamente si otteneva tramite frenatura differenziale. La sospensione a voluta verticale integrava un rullo di ritorno autonomo, ora non più fissato allo scafo, semplificando così ogni eventuale operazione di manutenzione e riparazione. La torretta, azionata da un sistema elettroidraulico alimentato dal motore principale, garantiva una rotazione completa e assai veloce; in meno di 15 secondi essa operava i 180° su se stessa e includeva uno stabilizzatore per il cannone principale.

L'armatura della torretta del Grant era saldata, ma la torretta del Lee e il resto di entrambi i carri erano rivettati. Lo spessore dell'armatura raggiungeva la buona misura di 56 mm nella parte più spessa. L'armamento in questo carro jolly era chiaramente un rimedio temporaneo sia nella scelta che nel montaggio.

Il cannone da 75 mm era una delle armi più potenti al mondo al tempo, in grado di poter utilizzare proiettili ad alto esplosivo e perforanti. Tuttavia, il punto debole del cannone del M3 era la sua limitata manovrabilità.

Il cannone principale veniva gestito da due uomini: un caricatore e un mitragliere che gestiva l'arma con impugnatura a forcella; la vista era garantita attraverso un telescopio M1 montato sul tetto della casamatta che ospitava il cannone. Il cannone principale aveva una portata massima di 2700 m. Il carro era

▲ Operai al lavoro nel Chrysler Arsenal, vicino a Detroit, assemblano i cingoli ad un gigantesco M3 Lee.

Carro armato medio M3 MK.1 LEE Tank N°3, Company F,
2nd US Tank Battalion, 13th US Armored Regiment - 1st US Armored Division, USA 1942

▲▼ Dopo l'assemblaggio finale il personale di controllo dello stabilimento procede a un controllo accurato.
Sotto: particolare del treno di rotolamento del carro M3 Lee.

Carro armato medio M3 MK.1 Lee versione con scafo fuso Turtle Back e cannone M2 con contrappeso. Armored Force School at Fort Knox, Kentucky, USA 1942

dotato anche di un cannone secondario sistemato in torretta da 37 mm, anch'esso dotato di un telescopio M2 e una portata massima di 1400 m, azionato con volanti a ingranaggi per traslazione ed elevazione. La dotazione standard all'interno del mezzo prevedeva 46 colpi per il cannone da 75 mm, 178 per il cannone da 37 mm e 9.200 per le mitragliatrici.

Il cannone da 37 mm era già un pezzo obsoleto al tempo del suo utilizzo sul M3, ma il carro richiedeva una torretta superiore con una traversata di 360 gradi e un cannone ragionevolmente potente in funzione anticarro. Il risultato fu che il Grant, nato subito come carro di transizione, ebbe in dotazione un cannone progettato per il presente e un altro per il futuro.

Vi erano anche ulteriori difetti: il principale, come già ricordato, era che il cannone da 75 mm era posizionato in una parte bassa nel carro, per di più angolata su un fianco, il che significava che il veicolo non poteva sparare il suo cannone principale dalla posizione preferita dai carristi, ovvero da una torretta centrale, o come dicono gli anglo-sassoni: *"hull down"*. Altro punto debole del 75 utilizzato era la relativa scarsa longevità, assai distante dagli standard dell'artiglieria che richiedeva che un pezzo simile potesse essere in grado di sparare almeno 4.000 colpi prima di recarsi in officina per le riparazioni. Purtroppo non era il caso del cannone montato sul M3! Diminuendo la cadenza di tiro, vale a dire la velocità, aumentava la vita del pezzo ma lo rendeva meno performante per perforare la corazza di un carro tedesco.

Fra le cose positive, invece, il Grant aveva alcuni vantaggi oltre ai suoi due cannoni: se necessario, il motore a benzina poteva essere sostituito da più sicuri motori diesel Chrysler. La manutenzione e la riparazione di questo pachiderma corazzato erano piuttosto semplici.

La configurazione originale del mezzo prevedeva mitragliatrici montate sulla torretta superiore, coassiali inferiori, sulla cupola del comandante, una a supporto contraereo esterno posteriore per un singolo e addirittura quattro mitragliatrici, montate ai quattro angoli della struttura, che però, nella pratica, raramente entravano in uso.

▲ Particolare della torretta del M3. Modello conservato al Yad la-Shiryon Museum, Israele. Wikipedia by Bukoved.

Il carro era anche assai versatile e rispondente; tale potenza era possibile grazie a un motore aeronautico radiale Wright Continental a nove cilindri alimentato a benzina, che forniva una potenza sufficiente per spingere il carro da 30 tonnellate fino a 26 miglia orarie su strada o 16 miglia nei fuoristrada. Il punto debole era che la benzina a 100 ottani, utilizzata sul carro, era fortemente incendiabile, e il carro poteva esplodere se veniva colpito. Il design complessivo era fra i più alti della sua categoria, raggiungendo anche i 3 m. Tale sovradimensionamento costituiva il suo principale svantaggio sul campo di battaglia. Non mancarono le ironie su questo gigante: i tedeschi lo soprannominarono "splendido bersaglio", mentre gli americani lo chiamavano "la cattedrale di ferro".

▲ Il progenitore del Lee/Grant fu essenzialemnte il carro M2A3 qui fotografato nell'aprile del 1939 a Washington. Sopra, foto piccola: ancora una vista della catena di montaggio negli stabilimenti adetti alla produzione.

▲ L'equipaggio del carro M3 si addestra al nuovo mezzo durante le manovre tenutesi a Camp Polk nel febbraio del 1943. Sopra: foto d'occasione del carro accanto a un ufficiale in alta uniforme.

Carro armato medio M3 MK.1 Grant Australian 1st Armoured Division, Puckapunyal, giugno 1942

▲ Negli Stati Uniti il carro venne sottoposto a intensi test e addestramenti per il personale. Nell'immagine: un carro M3 Lee nel deserto della california presso il Training Center, Indio, Calif, il 6 ottobre del 1942. Nara US archiv. Colorazione dell'autore.

Carro armato medio M3 MK.1 Grant British Eight Army, Gazala, Libia, giugno 1942

CARRO USA M3 LEE/GRANT

▲ Carri M3 Lee della 1ª Divisione Corazzata della US Army in Louisiana durante le lunghe esercitazioni negli stati del Sud nel settembre del 1941. Notare i vecchi elmetti inglesi ancora in dotazione.

▼ Le stesse esercitazioni sempre negli USA. Questa foto sembra quasi tratta da un film di Holywood...

▲ Fotografia di "fabbrica" di uno dei primi carri M3 appena sfornati.

▲ Bellissima immagine di un carro M3 Lee impegnato nei test di prova su di un terreno semi desertico.

IMPIEGO OPERATIVO

A seguito del disperato bisogno di forze corazzate da parte delle forze armate britanniche, l'M3 rappresentò uno degli ibridi più complicati di tutta la guerra. Nato grazie all'accordo Affitti e prestiti negli USA, il carro fu però una doppia nazionalità di fatto, doppie denominazioni, doppi allestimenti e un'infinita varietà d'uso. Utilizzato ampiamente durante la Guerra del Deserto, in particolare in Nord Africa, perdette poi via via importanza con l'arrivo di nuovi carri più affidabili.

■ FRONTE NORD AFRICANO

L'M3 diede una mano importante ad aumentare potenza di fuoco delle forze britanniche durante la campagna nel deserto del Nord Africa. I primi Grant furono inviati direttamente in Egitto e al tempo mancavano di alcune attrezzature (come la radio), che furono successivamente integrate a livello locale. Nell'ambito del "Mechanisation Experimental Establishment (Middle East)", furono testate, approvate e apportate altre modifiche ai carri mentre venivano forniti ai reparti al fronte. Queste comprendevano l'installazione di schermi anti sabbia (nelle consegne successive dagli Stati Uniti erano già assemblati così), coperture antipolvere per le mantellette dei cannoni e la rimozione delle mitragliatrici in eccesso dello scafo. La disposizione delle munizioni fu modificata a 80 proiettili da 75 mm (con un aumento significativo di 30 colpi in più) e 80 proiettili da 37 mm con protezione addizionale per i contenitori delle munizioni.

I Grant arrivarono in Nord Africa alla fine di gennaio del 1942 e gli equipaggi britannici iniziarono immediatamente l'addestramento. Poiché il cannone da 75 mm utilizzato derivava da un modello francese

▲ Un Grant britannico a sinistra e un M3 Lee a destra sul campo di battaglia di El Alamein (nel deserto occidentale egiziano) nel 1942. Questa immagine permette di osservare la differente torretta inglese da quella originale.

Carro armato medio M3 Mk.1 Lee "Battleship II" del British 8th Armoured Brigade, 10th Armoured Division, Nord Africa, ottobre 1942

della prima guerra mondiale, i britannici potevano contare su una discreta scorta di munizioni rimaste da allora, sebbene queste avessero subito delle deficienze e perdita di efficienza a causa dell'età. Il proiettile perforante per il cannone da 75 mm era una palla massiccia e poteva penetrare per circa 50 mm di corazza se sparata da meno di 1.000 m, migliorando le prestazioni rispetto ai cannoni da 2 libbre dei carri britannici, ma tutto ciò non era ancora sufficiente. Fortunatamente per gli inglesi, nel corso di alcuni scontri furono catturati grandi quantità di proiettili tedeschi da 75 mm e questi furono subito adattati alla cartuccia americana. Questa conversione garantì prestazioni migliorate e che ebbe poi un seguito industriale grazie a una nuova progettazione americana del proiettile perforante (il M61). Sebbene ci si aspettasse che il Grant rappresentasse una soluzione emergenziale (questo imprinting caratterizzò sin dall'inizio il carro americano) almeno fino a quando il carro Crusader Mark III con un cannone da 57 mm 6-pounder si fosse reso disponibile, una volta pronto il nuovo carro britannico, purtroppo presentò alcuni problemi, che al momento evitarono il pensionamento al Grant! Il Grant rimase pertanto il carro principale in uso e i carri crociati come il Crusader Mk I e II sostituirono solo il carro leggero M3 nelle unità britanniche.

Il primo impiego in battaglia del carro M3 avvenne nel 1942, durante la Campagna del Nord Africa. I carri britannici Lee e Grant furono impiegati contro le forze di Rommel nella Battaglia di Gazala il 27 maggio di quell'anno. In preparazione alla battaglia, l'Ottava Armata ricevette ben 167 carri M3. L'8° Reggimento King's Royal Irish Hussars e il 3° e il 5° battaglioni del Royal Tank Regiment entrarono subito in azione con i loro carri Grant. In ritirata di fronte a un grande attacco tedesco, l'8° Reggimento Hussars rimase con soli tre dei suoi Grant, mentre il 3° RTR lamentò la perdita di 16 Grant.

La loro comparsa, tuttavia, fu una sorpresa per i tedeschi, impreparati ad affrontare il cannone da 75 mm del M3. Scoprirono presto a loro spese che il carro M3 poteva impegnarli oltre la gittata efficace del loro

▲ Rifornimento di munizioni a un M3 Grant in Nord Africa, 18 giugno 1942.

▲ La geniale mimetizzazione del carro M3 mascherato da camion con una struttura di tela.

▲ L'originale M3 Grant usato dal Field Maresciallo britannico Montgomery, oggi esposto presso l'Imperial War Museum di Londra. Fu presente alla battaglia di El Alamein.

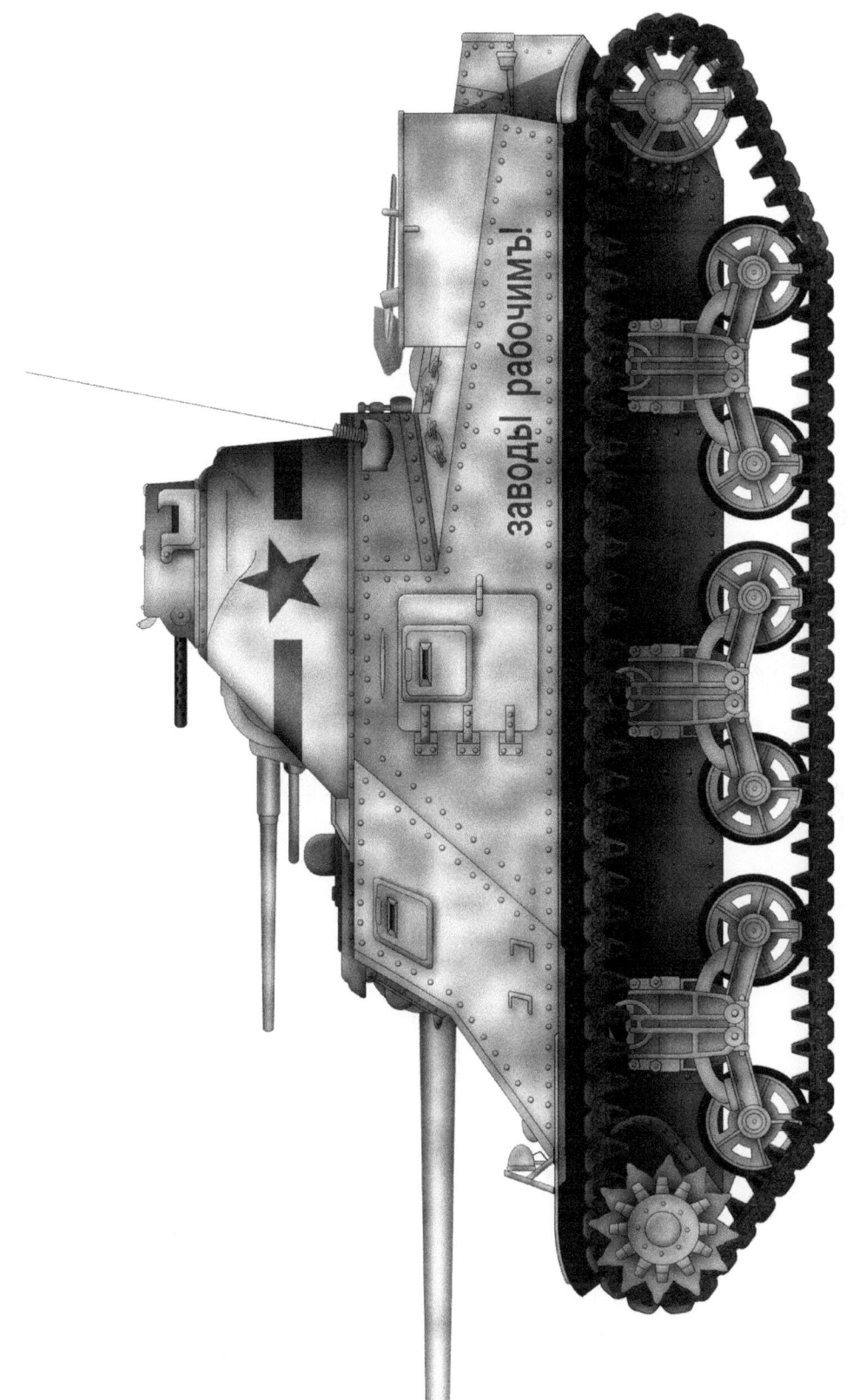

Carro armato medio M3S Mk.1 Lee della 241ª Brigata corazzata
Stalingrado, Russia, ottobre 1942

Carro armato medio M3 Mk.1 Grant British Eight Army, El Alamein, novembre 1942

cannone anticarro Pak 38 da 5 cm e del 5 cm KwK 39 del Panzer III, il loro principale carro medio. Il carro M3 era anche nettamente superiore ai carri italiani Fiat M13/40 e M14/41 impiegati dalle truppe italiane, i cui cannoni da 47 mm erano efficaci solo a distanze ravvicinate, mentre solo i pochi semoventi da 75/18 erano in grado di distruggere il carro Grant utilizzando proiettili HEAT.

Oltre alla maggiore gittata del M3, il mezzo era equipaggiato con proiettili ad alto esplosivo per eliminare fanteria e altri bersagli morbidi, che i precedenti carri britannici non possedevano; con l'introduzione del M3, Rommel notò: "Fino a maggio del 1942, i nostri carri erano in generale superiori in qualità ai corrispondenti tipi britannici. Ora questo non era più vero, almeno non nella stessa misura."

Nonostante i vantaggi del M3 e la sua apparizione sorprendente durante la Battaglia di Gazala, non riuscì a garantire la vittoria per i britannici. In particolare, l'efficace cannone antiaereo da 88 mm, utilizzato nel suo ruolo secondario di cannone anticarro, si rivelò letale per tutti i carri britannici, nessuno escluso, soprattutto se attaccavano senza il supporto dell'artiglieria. Tuttavia, il Direttore dei Veicoli Corazzati della Gran Bretagna affermò prima dell'arrivo del M4 Sherman che: "I Grant e i Lee si sono dimostrati il punto fermo delle forze combattenti in Medio Oriente; la loro grande affidabilità, il potente armamento e la solida corazza li hanno resi cari alle truppe."

▲ Sempre lo stesso carro M3 di pagina 26, con solo metà struttura del camouflage, che permette di vedere la leggerezza della struttura atta a nascondere il mezzo corazzato.

Alla Seconda Battaglia di El Alamein alla fine del 1942, c'erano oltre 600 M3, di entrambi i tipi, al servizio britannico. Altri di questi erano nel Regno Unito per l'addestramento.

I Grant e i Lee servirono con le unità britanniche in Nord Africa fino alla fine della campagna. A seguito dell'Operazione Torch (l'invasione dell'Africa del Nord), gli Stati Uniti combatterono anche in Nord Africa utilizzando il M3 Lee. La 1ª Divisione Corazzata degli Stati Uniti aveva ricevuto i nuovi M4 Sherman, ma aveva ceduto un intero reggimento dei nuovi mezzi all'esercito britannico in modo che potesse utilizzarli nella Seconda Battaglia di El Alamein (ottobre-novembre 1942). Di conseguenza, un reggimento della divisione stava ancora utilizzando il carro M3 Lee quando arrivò in Nord Africa.

L'M3 fu generalmente apprezzato durante tutta la campagna del Nord Africa per la sua affidabilità meccanica, la buona protezione della corazza e la superba potenza di fuoco. In tutti e tre gli aspetti, il carro M3 era in grado di impegnare carri tedeschi e cannoni anticarro trainati. Tuttavia, l'alta sagoma e il cannone da 75 mm basso e montato lateralmente sullo scafo erano svantaggi tattici in quanto impedivano il combattimento ottimale in molti casi, specialmente da una posizione di tiro nascosta. Inoltre, l'uso di corazza rivettata sulla sovrastruttura nei modelli iniziali portava allo spalling, dove l'impato dei proiettili nemici faceva staccare i rivetti che a loro volta diventavano proiettili micidiali all'interno del carro. I modelli successivi furono costruiti con corazza completamente saldata per eliminare questo problema. Questi insegnamenti furono tutti applicati alla progettazione e produzione del nuovo M4.

L'M3 fu sostituito nei ruoli di prima linea dal M4 Sherman non appena quest'ultimo fu disponibile. Tuttavia, diversi veicoli specializzati basati sull'M3 furono successivamente impiegati in Europa, come il veicolo di recupero corazzato M31 e il Canal Defence Light. All'inizio del 1943, i carri M3 dell'Ottava Armata britannica, ora sostituiti dallo Sherman, furono inviati a combattere la guerra nel Pacifico contro i giapponesi per rimpiazzare alcuni Matilda nell'esercito australiano.

▲ Equipaggio americano di un M3 nei pressi di Souk el Arba, Tunisia, 23 novembre 1942.

Carro armato medio M3 Mk.1 Lee Operation Torch - US Army - novembre 1942

CARRO USA M3 LEE/GRANT

FRONTE RUSSO

Dal 1941, furono inviati 1.386 carri armati medi M3 dagli Stati Uniti all'Unione Sovietica, con la perdita di ben 417 di essi durante il trasporto (quando affondarono con le navi che li trasportavano, colpite dagli attacchi di sottomarini, attacchi navali e aerei tedeschi durante il percorso). Questi furono forniti attraverso il programma di Affitti e prestiti americano tra il 1942 e il 1943.

Come le unità del Commonwealth britannico, il personale dell'Armata Rossa sovietica tendeva a riferirsi all'M3 come il carro "Grant", anche se tutti gli M3 spediti in Russia erano in realtà delle varianti del "Lee". La designazione ufficiale sovietica era М3 средний (М3с), o "M3 Medium", per distinguere il Lee dal carro leggero M3 Stuart costruito negli Stati Uniti, che venne acquisito dall'URSS, sempre attraverso il programma Affitti e prestiti, e conosciuto ufficialmente come М3 лёгкий (М3л), o "M3 Light".

A causa del motore a benzina del veicolo, della sua alta propensione a prendere fuoco e della sua vulnerabilità contro la maggior parte dei corazzati tedeschi incontrate dalle truppe sovietiche dal 1942 in poi, il carro armato fu molto impopolare nell'Armata Rossa fin dalla sua introduzione sul Fronte Orientale.

Con quasi 1.500 carri armati T-34 russi costruiti ogni mese, l'uso sovietico del carro medio M3 perse presto di importanza poco dopo la metà del 1943. Le truppe sovietiche schierarono comunque i loro carri Lee/Grant su fronti secondari e meno attivi, come ad esempio nella regione artica durante l'offensiva Petsamo-Kirkenes dell'Armata Rossa contro le forze tedesche in Norvegia nell'ottobre 1944, dove i carri armati statunitensi obsoleti affrontarono principalmente vecchi carri francesi catturati usati dai tedeschi, come il SOMUA S35, che in misura limitata era in qualche modo comparabile al Lee/Grant contro cui combatteva.

▲ Una compagnia di M3 Lee in colonna della 6ª armata sovietica della Guardia mentre avanza verso la linea del fronte durante la battaglia di Kursk, luglio 1943.

LA GUERRA NEL PACIFICO

Nella Guerra del Pacifico, le forze corazzate giocarono un ruolo relativamente marginale sia per gli Alleati che per i Giapponesi, se confrontata con quella delle unità navali, aeree e di fanteria. Nel Teatro dell'Oceano Pacifico e nel Teatro del Pacifico del Sudovest, l'Esercito degli Stati Uniti non dispiegò nessuna delle sue divisioni corazzate dedicate e solo un terzo dei suoi 70 battaglioni carri autonomi.

Un numero limitato di M3 Lee fu utilizzato nel Teatro dell'Oceano Pacifico centrale nel 1943, anche perché il Corpo dei Marines degli Stati Uniti non utilizzava l'M3 Lee; passarono direttamente dagli M3 Stuart agli M4 Sherman a metà del 1944. Alcuni M3 Grant ebbero invece un ruolo offensivo con l'Esercito Indiano al servizio Britannico operativo nel teatro del sud-est asiatico.

Anche l'Esercito Australiano utilizzò i Grant durante la Seconda Guerra Mondiale, principalmente per la difesa interna e per scopi di addestramento.

L'unico impiego bellico dell'M3 Lee da parte dell'Esercito degli Stati Uniti contro le forze giapponesi si verificò durante la campagna delle isole Gilbert e Marshall nel 1943.

A seguito dello sbarco più noto a Tarawa, la 27ª Divisione di fanteria degli Stati Uniti effettuò un assalto anfibio sull'isola di Makin con il supporto corazzato di un plotone di M3A5 Lee dotati di kit per guadi profondi appartenenti al 193º Battaglione carri armati dell'Esercito degli Stati Uniti.

▲ Un carro M3 Lee corredato dalla sua cupola originaria, con tutto il suo equipaggio che mostra fiero le munizioni destinate al nemico. Foto Nara archivio USA.

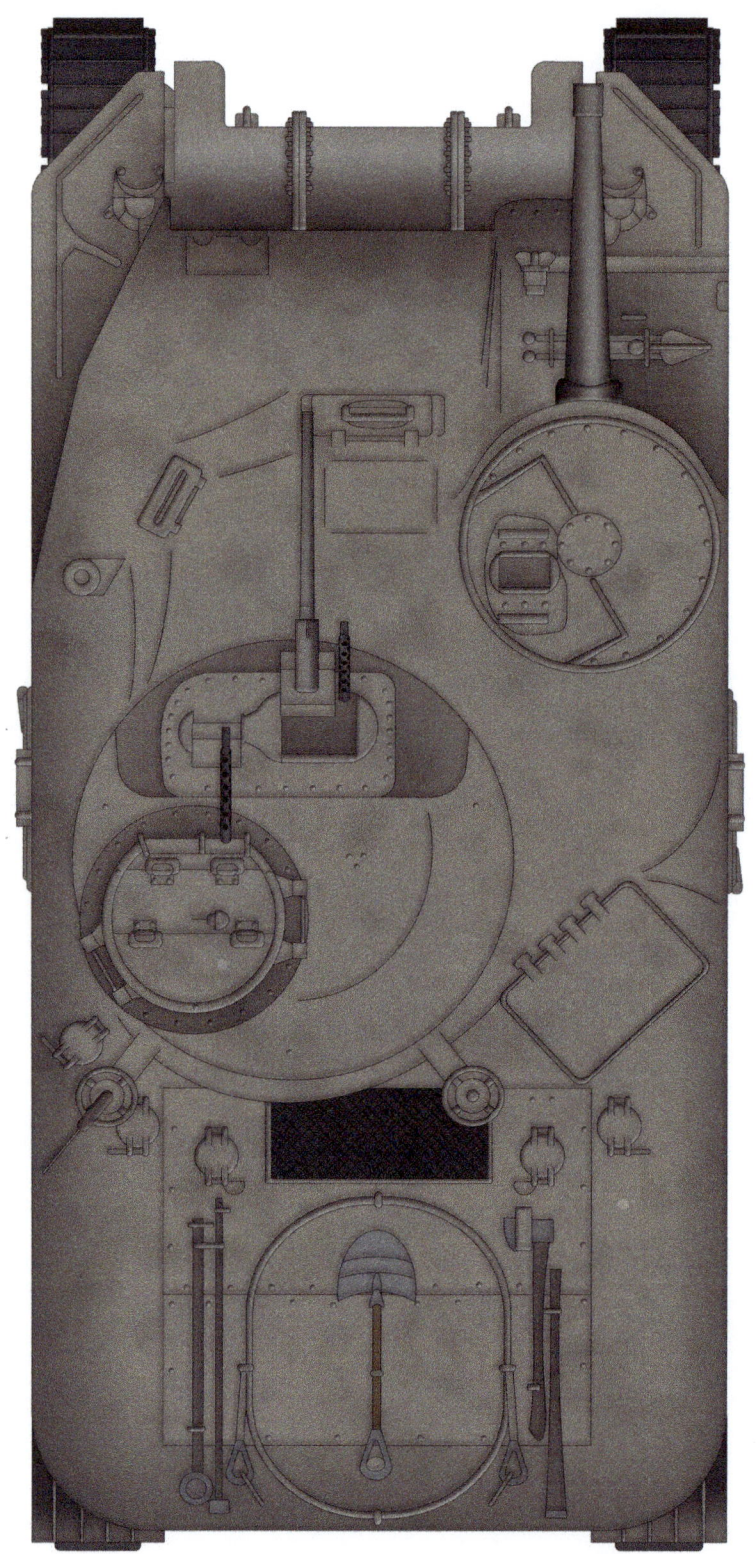

▲ Vista del carro M3 Lee/Grant Mk I dall'alto.

▲ Vista del carro M3 Lee/Grant Mk I di fronte.

▲ Vista del carro M3 Lee/Grant Mk I di retro.

CAMPAGNA DI BURMA

Dopo che le forze del Commonwealth britannico in Europa e nel Mediterraneo iniziarono a ricevere gli M4 Sherman, circa 900 M3 Lee/Grant ordinati dalla Gran Bretagna furono inviati all'Esercito Indiano. Alcuni di essi entrarono in azione contro le truppe giapponesi e i loro carri armati nella Campagna di Birmania durante la Seconda Guerra Mondiale.

Ancora utilizzati dalla Quattordicesima Armata britannica fino alla caduta di Rangoon, finirono con lo svolgere un impiego "ammirabile" nel ruolo originariamente previsto di supportare la fanteria in Birmania tra il 1944 e il 1945.

Nella Campagna di Birmania, il compito principale del carro armato medio M3 era il supporto alla fanteria. Si distinse ed ebbe un ruolo chiave durante la Battaglia di Imphal, durante la quale il 14° Reggimento carri armati dell'Esercito Imperiale Giapponese (equipaggiato principalmente con i propri carri leggeri Type 95 Ha-Go, insieme a un pugno di carri leggeri M3 Stuart britannici catturati) si scontrò per la prima volta con i carri medi M3 britannici, i quali fecero macello dei loro carri leggeri superati e surclassati dalla migliore arma britannica. I carri M3 britannici si comportarono bene nell'attraversare le ripide colline intorno a Imphal dove sconfissero le forze giapponesi che attaccavano. Ufficialmente dichiarati obsoleti nell'aprile del 1944, il Lee/Grant rimase comunque in azione fino alla fine della guerra nel settembre 1945.

▲ Un carro britannico M3 Lee appoggiato da fanteria indiana in Mandalay, Burma (Myanmar), durante la campagna di Burma nel marzo 1945.

CAMPAGNA AUSTRALIANA

All'inizio della guerra, la dottrina dell'Esercito Australiano considerava le unità corazzate come componenti offensive di minore importanza all'interno delle divisioni di fanteria. Non aveva infatti un corpo corazzato ad hoc e la maggior parte delle sue limitate capacità nella guerra corazzata erano già state impiegate nella Campagna del Nord Africa (all'interno di tre battaglioni di cavalleria divisionale).
Verso l'inizio del 1941, l'efficacia degli attacchi su larga scala dei panzer tedeschi venne finalmente riconosciuta e per contrastarla venne formato un reparto corazzato dedicato. Il Corpo Corazzato Australiano includeva inizialmente i quadri di tre divisioni corazzate, tutte equipaggiate almeno in parte con M3 Grant resi disponibili dagli ordini britannici in eccesso.
La 1ª Divisione Corazzata Australiana fu formata con l'intento di integrare le tre divisioni di fanteria australiane presenti in Nord Africa. Tuttavia, a seguito dell'esplosione delle ostilità con il Giappone, la divisione fu trattenuta in Australia. Tra aprile e maggio 1942, intanto i reggimenti della 1ª Divisione Corazzata stavano riequipaggiandosi con M3 Grant e si stavano addestrando in una serie di grandi esercitazioni nell'area intorno a Narrabri. I quadri delle altre due divisioni, la 2ª e la 3ª Divisione Corazzata, furono ufficialmente formate nel 1942, come unità della Milizia (riserva/difesa interna).
Anche queste divisioni furono in parte equipaggiate con M3 Grant.
Nel gennaio 1943, il corpo principale della 1ª Divisione Corazzata fu impiegato per compiti di difesa interna tra Perth e Geraldton, dove faceva parte del III Corpo.
Verso la metà della guerra, l'Esercito Australiano giudicò il Grant non adatto ai compiti bellici all'estero e le unità che avevano utilizzato il carro M3 furono riequipaggiate con il Matilda II prima di essere impiegate nelle Campagne di Nuova Guinea e Borneo. A causa della carenza di personale, tutte e tre le divisioni furono ufficialmente sciolte nel 1943 e ridimensionate a unità di livello brigata e battaglione.

▲ Vista del carro australiano Yaramba derivato dal M3, presso il Royal Australian Armoured Corps Tank Museum.

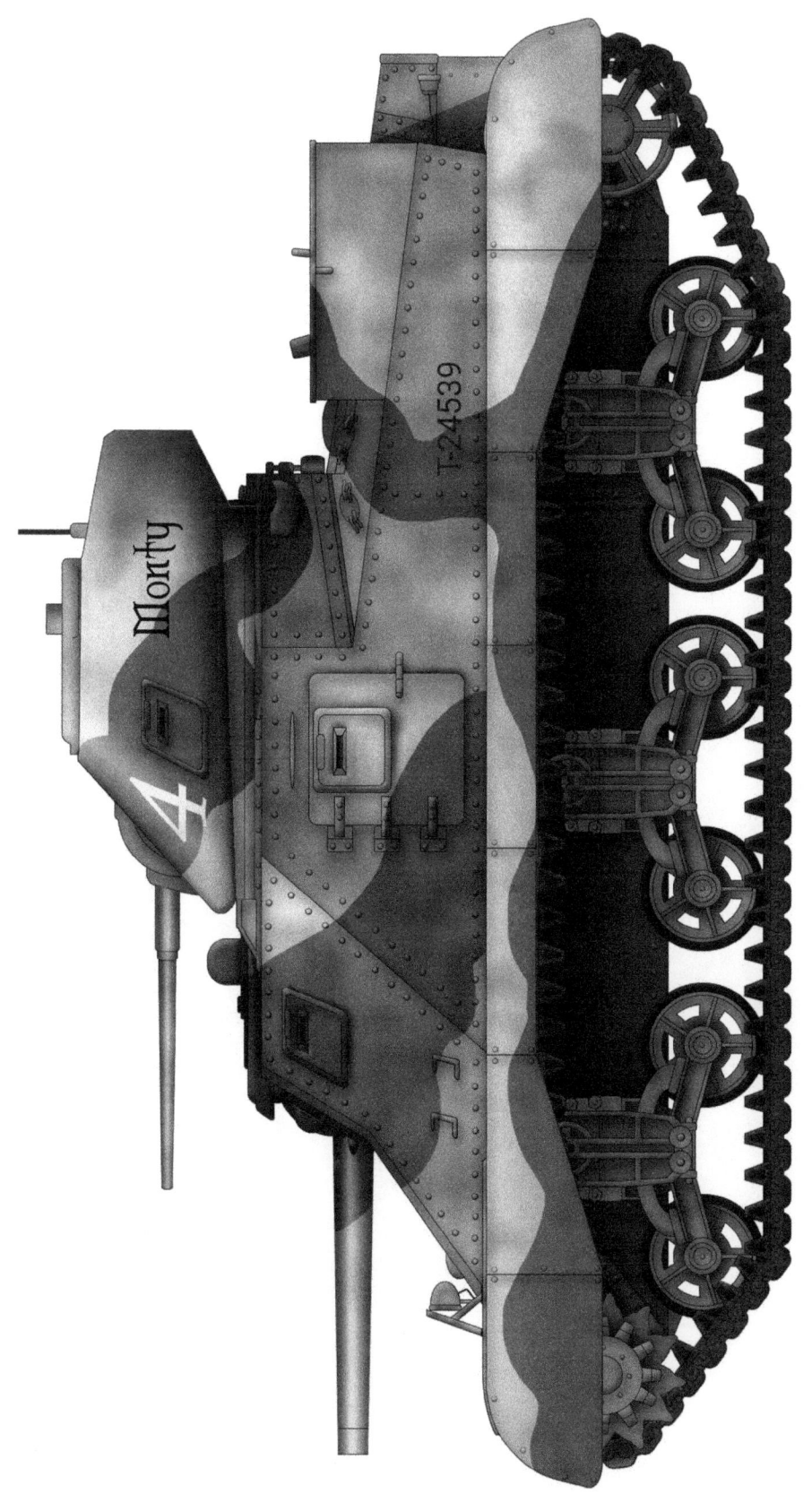

Carro armato medio M3 Mk.1 "Monthy" Grant 8ª Armata Tactical HQ, Tripoli, gennaio 1943

CARRO USA M3 LEE/GRANT

Carro armato medio M3A2 Lee del 13° Reg. Corazzato USA 1st AD in Tunisia, gennaio 1943

MIMETICHE E SEGNI DISTINTIVI

Durante la Seconda Guerra Mondiale, il Corpo del genio dell'Esercito degli Stati Uniti era responsabile della mimetizzazione dei veicoli militari e allo scopo sviluppò tutta una serie di manuali (FM) e altre istruzioni.

Lo scopo di questi manuali era quello di istruire i responsabili dei battaglioni del Genio al fine di utilizzare in maniera adeguata questi colori e ad adottare i modelli di mimetizzazione indicati.

I due manuali più significativi furono i seguenti: FM 5-20 e FM 5-21, pubblicati nell'ottobre del 1942. Durante la guerra l'Engineer Corps dell'Esercito degli Stati Uniti ha specificato diversi colori che qui riportiamo insieme al relativo Federal Standard Equivalente:

- N. 9 Olive Drab (verde oliva)
- N. 22 Olive Drab (verde oliva)
- N. 8 Earth Red (rosso terra)
- N. 6 Earth Yellow (giallo terra)
- N. 5 Earth Brown (terra marrone)
- N. 1 Light Green (verde chiaro)-
- N. 31 Olive Drab (verde oliva)-
- N. 11 Forest Green (verde foresta)
- N. 10 Black (nero)
- N. 12 Desert Sand (sabbia del deserto),
- Ocean Gray
- Olive Drab 50 (verde oliva scuro).

Il colore di fondo per eccellenza, nato negli anni '30, era l'Olive Drab (OD) N. 22. Lo stesso che poi dal 1942 diventerà il numero 9. L'Olive Drab in senso lato era il colore base degli USA sin dal 1917.

La tonalità di Olive Drab utilizzata dall'USAAF era più scura di quella dell'Esercito e venne indicata come Olive Drab N. 31. Questa tonalità non era unificata con quella dell'esercito perché aveva una specifica caratteristica anti-infrarossi.

Le tonalità di colore Olive Drab subirono poi diversi cambiamenti nel corso della guerra, ma non le specifiche del colore che rimasero invariate dagli anni Venti. Negli anni precedenti la Seconda Guerra Mondiale i colori apparivano in un tono opaco, mentre alla fine della guerra esso si era evoluto in una tonalità più satinata, quasi lucida in alcuni casi.

Il colore cambiò anche nella luminosità; all'inizio della guerra la tonalità era più chiara di quella utilizzata alla fine della guerra. Variazioni poi erano dovute anche ai diversi produttori di vernici, i quali disponevano di diverse tonalità di Olive Drab, che andavano dal giallo al marrone. Come già segnalato l'Olive Drab utilizzato verso la fine della guerra aveva una caratteristica di lucentezza e la tonalità era più marrone, per una tinta molto diversa da quella vista allo scoppio della Seconda Guerra Mondiale.

Il Corpo dei Marines usava colori più complementari a quelli usati dall'Esercito, come il colore n. 12 Desert Sand per mimetizzare i propri veicoli, oltre a tutte le varianti colori OD, Earth Yellow e Earth Red. Il Corpo dei Marines, come l'esercito, utilizzava il colore Forest Green come colore di base per i suoi carri armati M3 e M2A2, ma non usò mai il colore OD per gli stessi veicoli. Sempre fra i marines, alcuni LVTP e mezzi da sbarco erano dipinti in un colore grigio detto Ocean Grey.

L'Esercito aveva un battaglione specializzato nella verniciatura dei veicoli, mentre il Corpo dei Marines si affidava agli equipaggi dei veicoli per l'applicazione della vernice e delle eventuali mimetiche. Questa pratica si diffuse presto in tutto il Corpo, e i marines ne andarono fieri, perché questo fatto permise loro una certa libertà "artistica" nel creare le mimetiche.

COLORI E MIMETICHE ESERCITO AMERICANO (USA) WW2

| Insignia White | Ocean Grey | White | Aged White | Ivory | US Sand | US Light Green |
| US Field Drab | US Olive Drab | US Forrest Green | US Earth Red | US Earth Brown | Black | UK Tommy Green |

Durante l'invasione delle Isole Salomone apparvero alcuni modelli di mimetizzazione molto colorati. Nell'esercito la 1ª Divisione corazzata fu la prima unità corazzata schierata in Africa. I suoi veicoli erano dipinti in Olive Drab, con grandi strisce e stelle gialle. Tanto appariscenti che i tedeschi chiamarono quei carri "bersagli ideali". Infatti, durante le prime battaglie contro le forze tedesche ci si rese ben presto conto che queste colorazioni non erano una buona scelta nell'ambiente desertico. Di conseguenza, le truppe americane iniziarono ad utilizzare sabbia e vernici locali per mimetizzare i loro veicoli nell'ambiente nord-africano.

ULTIMO PERIODO

Fu solo dopo l'invasione della Sicilia, altrimenti nota come operazione "Husky", che i colori formali stabiliti dal Genio vennero utilizzati per mimetizzare anche i veicoli in Africa. Fu allora che i colori complementari Earth Yellow No. 6 e Earth Red No. 8 cominciarono ad essere utilizzati.

I veicoli e i mezzi corazzati che operavano nelle foreste e nei climi caldi dovevano essere verniciati in Olive drab 50 e Black; entrambi colori scuri applicati in uno schema a grandi strisce. In seguito si aggiunse anche il verde chiaro n. 1 come colore complementare. Il bianco venne ovviamente utilizzato per la mimetica dei climi freddi e artici.

Carro armato medio M3A2 Lee Comp. F 12° Battaglione 1ª Divisione Corazzata USA, Tunisia, febbraio 1943

▲ Il carro M3 nella sua classica livrea americana Olive Drab.

▼ Un Grant con una ricca mimetica presente a El Alamein con l'VIII army, Novembre 1942, esposto a Bovington.

Carro armato medio M3A2 Lee carro catturato "Beutepanzer" Russia, febbraio 1943

Carro armato medio M3A2 Lee carro "Beutepanzer" non identificato, Russia 1943-1944

VERSIONI DEL VEICOLO

Il carro M3, rappresentò subito una ottima base per ulteriori sviluppi, e in tale contesto godette di un incredibile successo. Non solo facilitò la progettazione e la produzione più rapida del carro strategicamente più importante dell'esercito americano lo M4 Sherman di cui fu certamente il genitore, grazie alle numerose parti condivise con l'M3. Ma il Grant/Lee non tenne a "battesimo" solo lo Sherman, ma il suo telaio fornì la base per la creazione di altri veicoli. Tra questi mezzi figuravano il carro armato canadese Ram, l'Howitzer Motor Carriage M7 da 105 mm (4,13 pollici), noto anche come M7 Priest, il Gun Motor Carriage M12 da 155 mm (6,1 pollici), il veicolo corazzato Kangaroo e il carro armato Sexton Mk.I con cannone a propulsione.

Vediamo ora le principali varianti utilizzate dagli americani, dagli inglesi e dagli australiani:

VARIANTI STATUNITENSI (tra parentesi la denominazione britannica):

- **M3 (Lee I/Grant I)**: scafo in lamiere rivettate, torretta a profilo alto, motore a benzina. 4.724 esemplari prodotti.

- **M3A1 (Lee II)**: scafo in fusione (bordi arrotondati). 300 esemplari prodotti.

- **M3A2 (Lee III)**: scafo in lamiere saldate (bordi inclinati). Solo 12 esemplari prodotti.

- **M3A3 (Lee IV/Lee V)**: scafo saldato, due motori diesel GM 6-71 accoppiati, portelli laterali saldati o eliminati. 322 esemplari prodotti.

- **M3A4 (Lee VI)**: scafo allungato in lamiere rivettate, motore Chrysler A57 Multibank (cilindrata 21 litri, cinque cilindri, 480 hp a 2.700 rpm), portelli laterali eliminati. 109 esemplari prodotti.

- **M3A5 (Grant II)**: scafo in lamiere rivettate, due motori diesel GM 6-71 accoppiati. Nonostante fosse dotato della torretta originale del Lee, gli inglesi lo chiamarono Grant II. 591 esemplari prodotti.

▲ La versione carro recupero fu la più utilizzata. Cannoni e mitragliatrici erano dei simulacri posticci.

- **M31 Tank Recovery Vehicle (Grant ARV I)**: variante di recupero basata sullo scafo M3, con simulacro di torretta e cannone da 75 mm finto, equipaggiato con verricello da 27 tonnellate.
- **M31B1 Tank Recovery Vehicle**: basato su scafo M3A3.
- **M31B2 Tank Recovery Vehicle**: basato su scafo M3A5.
- **M33 Prime Mover**: M31 TRV convertiti in trattori d'artiglieria, con torretta e gru rimosse. 109 esemplari convertiti tra il 1943 ed il 1944.
- **105 mm Howitzer Motor Carriage M7 (Priest)**: obice da 105 mm M1/M2 su scafo M3 con sovrastruttura aperta. Una versione disarmata venne usata come veicolo da osserva-zione per l'artiglieria.
- **155 mm Gun Motor Carriage M12**: progettato come T6, cannone da 155 mm M1917/1918M1 su scafo M3 con sovrastruttura aperta. 100 esemplari prodotti tra il 1942 ed il 1943.

Venne realizzata anche la versione **M30 Cargo Carrier** sullo stesso scafo per il trasporto delle munizioni e dei serventi.

VARIANTI BRITANNICHE

- **Grant ARV**: cannoni rimossi e sostituiti con equipaggiamenti da veicolo corazzato da recupero.
- **Grant Command**: versione carro comando equipaggiata con tavolo per cartografia ed equipaggiamento radio aggiuntivo, con cannoni rimossi o sostituiti da simulacri.
- **Grant Scorpion III**: cannone da 75 mm rimosso, equipaggiato con sistema di sminamento flail Scorpion III. Realizzato in pochi esemplari all'inizio del 1943 per l'impiego in Nordafrica.
- **Grant Scorpion IV**: Scorpion III con motore addizionale per aumentare la potenza dei flagelli Scorpion.
- **Grant CDL**: versione fotoelettrica, torretta da 37 mm sostituita dal sistema "Canal Defence Light", dotato di un potente faro di ricerca e di una mitragliatrice. 355 esemplari prodotti anche dagli americani con la denominazione **Shop Tractor T10**.

VARIANTI AUSTRALIANE

- **M3 BARV**: un solo M3A5 fu convertito in BARV ("Beach Armoured Recovery Vehicle").
- **Yeramba Self Propelled Gun**: semovente australiano su scafo M3A5 equipaggiato con cannone Ordnance QF 25 lb, conversione simile a quella del Sexton canadese. 13 veicoli costruiti nel 1949.

▲ Il generale Auchinleck e altri ufficiali osservano la battaglia sul retro di un carro M3. Deserto egiziano, 1942.

▲ Carro M3 britannico adattato con un faro sulla torretta, venne denominato Canal Defense Light.
▼ Modello australiano di M3 BARV un carro recupero per sbarchi su spiaggia.

CARRO USA M3 LEE/GRANT

▲ M3 Lee in una pausa pranzo del suo equipaggio in Nord Africa, Novembre 1942.
Archivio Nara

▼ ▶ Due immagini che mostrano una delle più interessanti versioni realizzate a partire dagli scafi M3, specialmente dopo la sua dismissione come carro armato. A destra un M12 operativo nella regione di Bayeux giugno 1944. Sotto un M7 105 mm Howitzer Motor Carriage (Priest.)

Carro recovery M31 "GO GET IT" di un'unità USA non identificata, Sicilia, luglio 1943

CONCLUSIONI

Tirando le somme, l'M3 fu un mezzo che, con tutti i suoi difetti ma anche grazie ai suoi pregi, fu in grado di essere efficace sul campo di battaglia dal 1942 al 1943. Questo carro, comunque, era la dimostrazione plastica delle carenze delle unità corazzate degli Stati Uniti, le quali, arrivate tardi a questo complesso mondo dei corazzati, mancavano di competenze tattiche che non gli permisero in tempi brevi di ridurre il gap coi più moderni carri tedeschi. La corazza e la potenza di fuoco del Grant/Lee erano equivalenti, se non superiori, alla maggior parte dei carri nemici che affrontava, specialmente nel Pacifico contro i giapponesi. Per sua fortuna, poi, le armi a lungo raggio e ad alta velocità non si erano ancora ben diffuse sui carri armati tedeschi nel teatro africano, primo fronte vero sul quale il carro americano si scontrò col nemico tedesco. Inevitabilmente, il rapido sviluppo dei carri armati occorso durante la Seconda guerra mondiale, fece si che l'M3 venisse molto rapidamente surclassato. Alla metà del 1942, con la comparsa del micidiale Tiger I tedesco, e con l'armamento potenziato del Panzer IV ora dotato di un cannone lungo da 75 mm, e dal 1943 l'arrivo di altri mezzi ancora più moderni portarono presto alla scomparsa sul terreno dell'M3, sostituito però degnamente da suo figlio: lo Sherman M4!

SCHEDA TECNICA	
	Grant/Lee M3
Lunghezza	5640 mm
Larghezza	2720 mm
Altezza	3120 mm
Data entrata in servzio/uscita	1941/1945
Peso in ordine di combattimento	27,25 tonnellate
Equipaggio	5/6 (comandante, autista, serventi e cannoniere)
Motore	Continental R-975-EC2 a benzina
Velocità massima	42 km/h su strada 18 km/h fuori strada
Autonomia	193 km su strada, 90 fuori strada
Pendenza massima	34,5%
Spessore corazza	Da 15 a 50 mm
Armamento	1 cannone da 75 mm M3/M4 (in casamatta) 1 cannone da 37 mm M5/M6 4 mitragliatrici Browning M1919A4 cal .30 (7,62 mm)
Produzione	6.258 esemplari

Carro armato medio M3 Mk.1 Lee unità Canadese in Gran Bretagna, ottobre 1943

PRINCIPALI UTILIZZATORI

Nazione	Quantità	Anni	Note
Australia	757 (fine 1942)	1942 – 1955.	Molte le version utilizzate così come le modifiche locali
Brasile	104 (verso il 1944)	1942 – fine 1950	M3 e M31 TRV. Mai utilizzato in combattimento. Alcuni esemplari sono stati modificati localmente.
Canada	47 (maggio 1942)	1941 - 1942	In servizio con la 5th Armored Division. Mai entrati in combattimento.
Francia L.	51 (marzo 1943)	In servizio nel 1943	Carri lasciati ai francesi dagli americani alla fine della campagna d'Africa. Usati per addestramento.
USA	1.921	1941-1944	
Paraguay	nd	1950	Veicoli ottenuti dal Brasile.
UK	2.855 o 2.887		Il secondo numero comprende i carri australiani.
URSS	1.386	1942 - 1945	Solo 976 arrivarono, 410 finirono affondati nel viaggio.

DENOMINAZIONI VERSIONI M3

Nomi delle varie versioni e data di entrata in produzione					
Anno	**Motore**	**USA**	**UK (Lee)**	**UK (Grant)**	**URSS**
Giugno 1941	Benzina	M3	General Lee I	General Grant I	M3S28
Gennaio 1942	Benzina	M3A2	General Lee III	General Grant III	
Gennaio 1942	Diesel	M3A3	General Lee VII	General Grant VII	
Gennaio 1942	Diesel	M3A5	General Lee IX	General Grant IX	
Febbraio 1942	Benzina	M3A1	General Lee II	General Grant II (non prodotto)	
non prodotto	Diesel	M3	General Lee IV	General Grant IV	
1942	Diesel	M3A1	General Lee V	General Grant V	
non prodotto	Diesel	M3A2	General Lee VI	General Grant VI	
Giugno 1942	Benzina	M3A4	General Lee VIII	General Grant VIII (non prodotto)	

Carro armato medio M3s Unità russa sconosciuta sul fronte di Leningrado denominato- "Za Rodinu", "per la patria", ottobre 1943

Carro armato medio M3A5 Lee a Burma, Squadrone c 3° Carabiniers regiment, 1944

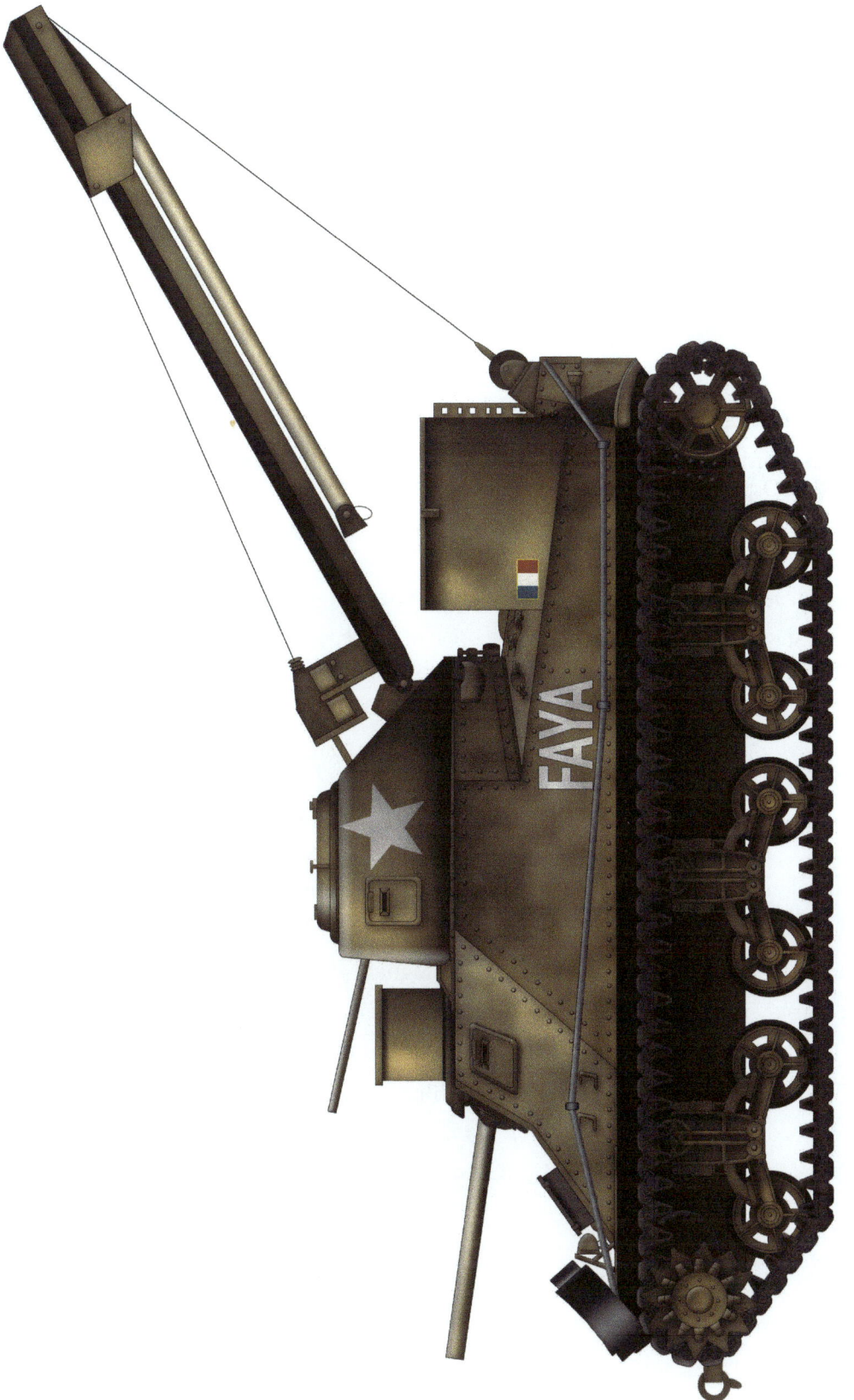

Carro recovery M31 "FAYA" 2ª divisione corazzata francese, Normandia, estate 1944

BIBLIOGRAFIA

- Bishop, Chris *The Encyclopedia of Weapons of World War II* (2002) Metro Books.
- Chamberlain, Peter; Ellis, Chris. *British and American Tanks of World War II*. New York: Arco.
- Chamberlain, Peter; Ellis, Chris. *M3 Medium (Lee/Grant). AFV Profile No. 11*. Windsor: Profile Publishing.
- Fletcher, David. *The Great Tank Scandal: British Armour in the Second World War - Part 1.* HMSO.
- Hunnicutt, R. P. Sherman, *A History of the American Medium Tank*. 1978; Taurus Enterprises.
- Porter, David *Allied Tanks of World War II (World's Great Weapons)* (2014) Amber Books
- USMC D-F Series Tables of Equipment (TOEs), 1942-1944
- Rottman, Gordon L. (2008). *M3 Medium Tank vs Panzer III: Kasserine Pass 1943. Duel No. 10*. Oxford: Osprey Publishing.
- Zaloga, Steven J. (2005). *M3 Lee/Grant Medium Tank 1941-45*. New Vanguard No. 113. Oxford: Osprey Publishing.
- Zaloga, Steven (2007). *Japanese Tanks 1939-45*. New Vanguard No. 137. Osprey Publishing.
- Zaloga, Steven (2008). *Armored Thunderbolt: The US Army Sherman in World War II*. Stackpole Books. ISBN 978-0-8117-0424-3..
- David Doyle *M3 Lee and Grant - the Design, Production and Service of the M3* DavidDoyleBooks
- David Doyle *M3 Medium Tank: The Lee and Grant Tanks in World War II (Legends of Warfare)* DavidDoyleBooks
- David Doyle *M3 Medium Tank Walk Around SS5712* Squadron- Signal .
- Zajaczkowski, Slawomi *Medium Tank M3 Lee / M3 Grant. M3A1, M3A2, M3A4, M3A5.* Kagero Polonia.
- Peter Chamberlain, Chris Ellis *AFV Weapons Profile 11 - M3 Medium Lee-Grant*
- Jim Mesko *M3 Lee/grant in action* Squadron - Signal
- Bryan Perrett The LeeGrant Tanks in British Service New vanguard Osprey
- Terry J. Gander - *Tanks in detail: Medium Tank M3 to M3A5 General Lee/Grant* 2003
- AA.VV - *M3 Lee/Grant* 108 Wydawnictwo Militaria Polonia.
- Zajaczkowski, Slawomir, *Medium Tank M3 Lee I (Top Drawings)*. Kagero Polonia
- Hans Halberstadt *Inside the Great Tanks* 1998 by The Crowood Press Ltd

TITOLI GIÀ PUBBLICATI

ALL BOOKS IN THE SERIES ARE PRINTED IN ITALIAN AND ENGLISH

VISITA IL NOSTRO SITO PER AVERE MAGGIORI INFORMAZIONI SU THE WEAPONS ENCYCLOPAEDIA:

https://soldiershop.com/collane/libri/the-weapons-encyclopaedia/

TWE-019 IT

www.ingramcontent.com/pod-product-compliance
Lightning Source LLC
LaVergne TN
LVHW072121060526
838201LV00068B/4935